PCCh

Breve historia del ascenso, reinado, ideología y controversias del Partido Comunista Chino; Mao Zedung, Xi Jinping y más

Descargo de responsabilidad

Introducción

El Partido Comunista Chino (PCC), oficialmente Partido Comunista de China (PCCh), es el partido fundador y único gobernante de la República Popular China (RPC). Bajo el liderazgo de Mao Zedong, el PCCh salió victorioso de la Guerra Civil China contra el Kuomintang. En 1949, Mao proclamó la creación de la República Popular China. Desde entonces, el PCCh ha gobernado China y tiene el control exclusivo del Ejército Popular de Liberación (EPL). Cada líder sucesivo del PCCh ha añadido sus propias teorías a la constitución del partido, que resume la ideología del partido, denominada colectivamente socialismo con características chinas. En 2022, el PCCh contaba con más de 96 millones de miembros, lo que lo convertía en el segundo partido político del mundo por número de afiliados, después del Partido Bharatiya Janata de la India.

En 1921, Chen Duxiu y Li Dazhao dirigieron la fundación del PCCh con la ayuda del Buró de Extremo Oriente del Partido Comunista de la Unión Soviética y del Secretariado de Extremo Oriente de la Internacional Comunista. Durante los seis primeros años de su historia, el PCCh se alineó con el Kuomintang (KMT) como ala izquierda organizada del movimiento nacionalista más amplio. Sin embargo, cuando el ala derecha del Kuomintang, dirigida por Chiang Kai-shek, se volvió contra el PCCh y masacró a decenas de miles de miembros del partido, los dos partidos se separaron e iniciaron una prolongada guerra civil. Durante los siguientes diez años de guerra de guerrillas, Mao Zedong se convirtió en la figura más influyente del PCCh y el partido estableció una sólida base entre el campesinado rural con sus políticas de reforma agraria. El apoyo al PCCh siguió creciendo durante la Segunda Guerra Sino-Japonesa y, tras la rendición japonesa en 1945, el PCCh salió triunfante de la revolución comunista contra el gobierno del KMT. Tras la retirada del KMT a Taiwán, el PCCh estableció la República Popular China el 1 de octubre de 1949.

Mao Zedong siguió siendo el miembro más influyente del PCCh hasta su muerte en 1976, aunque se retiró periódicamente del liderazgo público a medida que su salud empeoraba. Bajo Mao, el partido completó su programa de reforma agraria, lanzó una serie de planes quinquenales y finalmente se separó de la Unión Soviética. Aunque Mao intentó purgar el partido de

3

elementos capitalistas y reaccionarios durante la Revolución Cultural, tras su muerte, estas políticas sólo fueron continuadas brevemente por la Banda de los Cuatro antes de que una facción menos radical se hiciera con el control. Durante la década de 1980, Deng Xiaoping alejó al PCCh de la ortodoxia maoísta y lo orientó hacia una política de liberalización económica. La explicación oficial de estas reformas fue que China aún se encuentra en la fase primaria del socialismo, una etapa de desarrollo similar al modo de producción capitalista. Desde el colapso del bloque oriental y la disolución de la Unión Soviética en 1991, el PCCh ha acentuado sus relaciones con los partidos gobernantes de los restantes Estados socialistas y sigue participando cada año en la Reunión Internacional de Partidos Comunistas y Obreros. El PCCh también ha establecido relaciones con varios partidos no comunistas, incluidos los partidos nacionalistas dominantes de muchos países en desarrollo de África, Asia y América Latina, así como con partidos socialdemócratas de Europa.

El Partido Comunista Chino está organizado sobre la base del centralismo democrático, un principio que implica el debate abierto de la política a condición de que haya

4

unidad entre los miembros del partido para defender la decisión acordada. El órgano supremo del PCCh es el Congreso Nacional, convocado cada cinco años. Cuando el Congreso Nacional no está reunido, el Comité Central es el órgano supremo, pero como ese órgano sólo suele reunirse una vez al año, la mayoría de las obligaciones y responsabilidades recaen en el Politburó y su Comité Permanente. Los miembros de este último se consideran los máximos dirigentes del partido y del Estado. En la actualidad, el líder del partido ocupa los cargos de secretario general (responsable de las tareas civiles del partido), presidente de la Comisión Militar Central (CMC) (responsable de los asuntos militares) y presidente del Estado (un cargo principalmente ceremonial). Debido a estos cargos, el líder del partido es considerado el máximo dirigente del país. El actual líder es Xi Jinping, que fue elegido en el XVIII Congreso Nacional celebrado del 8 al 15 de noviembre de 2012 y conservó su cargo en el XIX Congreso Nacional de 2017 y en el XX Congreso Nacional de 2022.

Índice

Historia del PCCh

Fundación y primeros años

Los orígenes del PCCh se remontan al Movimiento del Cuatro de Mayo de 1919, durante el cual ideologías occidentales radicales como el marxismo y el anarquismo ganaron adeptos entre los intelectuales chinos. Otras influencias procedentes de la revolución bolchevique y la teoría marxista inspiraron al PCCh. Chen Duxiu y Li Dazhao fueron de los primeros en apoyar públicamente el leninismo y la revolución mundial. Ambos consideraban que la Revolución de Octubre en Rusia era revolucionaria y creían que anunciaba una nueva era para los países oprimidos de todo el mundo. Los círculos de estudio eran, según Cai Hesen, "los rudimentos [de nuestro partido]". Durante el Movimiento de la Nueva Cultura se crearon varios círculos de estudio, pero en 1920 muchos se mostraron escépticos sobre su capacidad para llevar a cabo reformas.

El PCCh se fundó el 1 de julio de 1921 con la ayuda del Buró de Extremo Oriente del Partido Comunista de la Unión Soviética y el Secretariado de Extremo Oriente de la

Internacional Comunista, según el relato oficial de la historia del partido. Sin embargo, los documentos del partido sugieren que la fecha real de fundación del partido fue el 23 de julio de 1921, el primer día del I Congreso Nacional del PCCh. El Congreso Nacional fundacional del PCCh se celebró del 23 al 31 de julio de 1921. Con sólo 50 miembros a principios de 1921, entre ellos Chen Duxiu, Li Dazhao y Mao Zedong, la organización y las autoridades del PCCh crecieron enormemente. Aunque en un principio se celebró en una casa de la Concesión Francesa de Shanghai, la policía francesa interrumpió la reunión el 30 de julio y el congreso se trasladó a un barco turístico en el Lago Sur de Jiaxing, provincia de Zhejiang. Asistieron al congreso una docena de delegados, pero ni Li ni Chen pudieron asistir, por lo que este último envió a un representante personal en su lugar. Las resoluciones del congreso pedían la creación de un partido comunista como rama de la Internacional Comunista (Comintern) y elegían a Chen como su líder. Chen fue entonces el primer secretario general del Partido Comunista y se le llamó "el Lenin de China".

Los soviéticos esperaban fomentar fuerzas prosoviéticas en Asia Oriental para luchar contra los países anticomunistas, en particular Japón. Intentaron contactar con el señor de la guerra Wu Peifu, pero fracasaron. Los soviéticos contactaron entonces con el Kuomintang (KMT), que dirigía el gobierno de Guangzhou paralelo al de Beiyang. El 6 de octubre de 1923, la Comintern envió a Mijaíl Borodin a Guangzhou, y los soviéticos establecieron relaciones amistosas con el Kuomintang. El Comité Central del PCCh, el líder soviético Joseph Stalin y la Comintern confiaban en que el PCCh acabaría controlando el KMT y calificaban a sus oponentes de "derechistas". El líder del KMT, Sun Yat-sen, suavizó el conflicto entre los comunistas y sus oponentes. El número de miembros del PCCh creció enormemente tras el IV Congreso de 1925, pasando de 900 a 2.428. El PCCh sigue considerando a Sun Yat-sen uno de los fundadores de su movimiento y reivindica su ascendencia, ya que se le considera un protocomunista y el elemento económico de la ideología de Sun era el socialismo. Sun declaró: "Nuestro Principio de Subsistencia es una forma de comunismo".

Los comunistas dominaban el ala izquierda del KMT y luchaban por el poder con las facciones derechistas del partido. Cuando Sun Yat-sen murió en marzo de 1925, le sucedió un derechista, Chiang Kai-shek, que inició acciones para marginar la posición de los comunistas. Chiang, antiguo ayudante de Sun, no era activamente anticomunista en aquel momento, aunque odiaba la teoría de la lucha de clases y la toma del poder por el PCCh. Los comunistas propusieron quitarle el poder a Chiang. Cuando Chiang fue ganando el apoyo de los países occidentales, el conflicto entre él y los comunistas se hizo cada vez más intenso. Chiang pidió al Kuomintang que se uniera a la Comintern para descartar la expansión secreta de los comunistas dentro del Kuomintang, mientras que Chen Duxiu esperaba que los comunistas se retiraran completamente del Kuomintang.

En abril de 1927, tanto Chiang como el PCCh se preparaban para el conflicto. Tras el éxito de la Expedición al Norte para derrocar a los señores de la guerra, Chiang Kai-shek se volvió contra los comunistas, que ya se contaban por decenas de miles en toda China. Ignorando las órdenes del gobierno del Kuomintang, con sede en Wuhan, marchó sobre Shanghai, ciudad controlada por las milicias comunistas. Aunque los comunistas acogieron con satisfacción la llegada de Chiang, éste se volvió contra ellos, masacrando a 5.000 con la ayuda de la Banda

Verde. A continuación, el ejército de Chiang marchó hacia Wuhan, pero el general del PCCh Ye Ting y sus tropas le impidieron tomar la ciudad. Los aliados de Chiang también atacaron a los comunistas; por ejemplo, en Pekín, Li Dazhao y otros 19 destacados comunistas fueron ejecutados por Zhang Zuolin. Enfurecido por estos sucesos, el movimiento campesino apoyado por el PCCh se volvió más violento. Ye Dehui, un famoso erudito, fue asesinado por comunistas en Changsha y, en venganza, el general del Kuomintang He Jian y sus tropas mataron a tiros a cientos de milicianos campesinos. En mayo, decenas de miles de comunistas y simpatizantes fueron asesinados por las tropas del Kuomintang, y el PCCh perdió aproximadamente 15.000 de sus 25.000 miembros.

Guerra Civil China y Segunda Guerra Sino-Japonesa

El PCCh siguió apoyando al gobierno del Kuomintang de Wuhan, pero el 15 de julio de 1927 el gobierno de Wuhan expulsó a todos los comunistas del Kuomintang. El PCCh reaccionó fundando el Ejército Rojo Obrero y Campesino de China, más conocido como "Ejército Rojo", para combatir al KMT. Un batallón dirigido por el general Zhu De recibió la orden de tomar la ciudad de Nanchang el 1 de agosto de 1927 en lo que se conoció como el levantamiento de Nanchang. Tras un éxito inicial, Zhu y sus tropas se vieron obligados a retirarse al cabo de cinco días, marchando hacia el sur hasta Shantou, y desde allí fueron expulsados al desierto de Fujian. Mao Zedong fue nombrado comandante en jefe del Ejército Rojo y dirigió cuatro regimientos contra Changsha en el Levantamiento de la Cosecha de Otoño, con la esperanza de provocar levantamientos campesinos en toda Hunan. Su plan era atacar la ciudad controlada por el Kuomintang desde tres direcciones el 9 de septiembre, pero el Cuarto Regimiento desertó a la causa del Kuomintang, atacando al Tercer Regimiento. El ejército de Mao llegó hasta Changsha pero no pudo tomarla; el 15 de septiembre aceptó la derrota, y 1.000 supervivientes marcharon hacia el este, a las montañas Jinggang de Jiangxi.

La casi destrucción del aparato organizativo urbano del PCCh provocó cambios institucionales en el partido. El partido adoptó el centralismo democrático, una forma de organizar los partidos revolucionarios, y estableció un politburó que funcionaba como comité permanente del comité central. El resultado fue una mayor centralización del poder dentro del partido. En todos los niveles del

13

partido esto se duplicó, y los comités permanentes pasaron a tener el control efectivo. Tras ser expulsado del partido, Chen Duxiu pasó a dirigir el movimiento trotskista chino. Li Lisan pudo asumir el control de *facto* de la organización del partido en 1929-1930. El liderazgo de Li fue un fracaso, dejando al PCCh al borde de la destrucción. La Comintern se involucró y, a finales de 1930, le habían arrebatado sus poderes. En 1935 Mao se había convertido en miembro del Comité Permanente del Politburó del PCCh y en el líder militar informal del partido, con Zhou Enlai y Zhang Wentian, el jefe formal del partido, actuando como sus adjuntos informales. El conflicto con el KMT condujo a la reorganización del Ejército Rojo, con el poder ahora centralizado en la dirección mediante la creación de departamentos políticos del PCCh encargados de supervisar el ejército.

El Incidente de Xian de diciembre de 1936 detuvo el conflicto entre el PCCh y el Kuomintang. Presionado por el mariscal Zhang Xueliang y el PCCh, Chiang Kai-shek acordó finalmente un Segundo Frente Unido centrado en repeler a los invasores japoneses. Aunque el frente existió formalmente hasta 1945, toda colaboración entre los dos partidos había terminado efectivamente en 1940. A pesar de su alianza formal, el PCCh aprovechó la oportunidad para expandirse y crear bases de operaciones independientes con el fin de prepararse para la guerra que se avecinaba con el KMT. En 1939, el Kuomintang empezó a restringir la expansión del PCCh en China. Esto provocó frecuentes enfrentamientos entre las fuerzas del PCCh y del KMT, que se calmaron rápidamente al darse cuenta ambas partes de que la guerra civil en medio de una invasión extranjera no era una opción. En 1943, el PCCh volvió a expandir activamente su territorio a expensas del Kuomintang.

Mao Zedong se convirtió en Presidente del PCCh en 1945. Tras la rendición japonesa en 1945, la guerra entre el PCCh y el Kuomintang comenzó de nuevo en serio. El periodo 1945-49 tuvo cuatro etapas; la primera fue de agosto de 1945 (cuando se rindieron los japoneses) a junio de 1946 (cuando finalizaron las conversaciones de paz entre el PCCh y el KMT). En 1945, el KMT tenía tres veces más soldados bajo su mando que el PCCh e inicialmente parecía prevalecer. Con la cooperación de Estados Unidos y Japón, el KMT fue capaz de retomar partes importantes del país. Sin embargo, el gobierno del KMT sobre los territorios reconquistados resultó impopular debido a su corrupción política endémica. A pesar de su superioridad numérica, el KMT no logró reconquistar los territorios rurales que constituían el bastión del PCCh. Al mismo tiempo, el PCCh lanzó una invasión de Manchuria, en la que contó con la ayuda de la Unión Soviética. En la segunda etapa, que duró de julio de 1946 a junio de 1947, el KMT extendió su control sobre las principales ciudades, como Yan'an, sede del PCCh, durante gran parte de la guerra. Los éxitos del KMT fueron vanos; el PCCh se había retirado tácticamente de las ciudades y, en su lugar, socavó el gobierno del KMT instigando protestas entre estudiantes e intelectuales. El KMT respondió a estas manifestaciones con una dura represión. Mientras tanto, el KMT luchaba contra las luchas internas entre facciones y el control autocrático de Chiang Kai-shek sobre el partido, lo que debilitaba su capacidad de respuesta a los ataques. La tercera etapa, que duró de julio de 1947 a agosto de 1948, fue testigo de una limitada contraofensiva del PCCh. El objetivo era despejar "China Central, fortalecer China del Norte y recuperar China del Noreste". Esta operación, unida a las deserciones militares del Kuomintang, provocó que el Kuomintang perdiera 2 millones de sus 3 millones de soldados en la primavera de 1948, y que disminuyera significativamente el apoyo al gobierno del Kuomintang.

En consecuencia, el PCCh pudo cortar las guarniciones del KMT en Manchuria y retomar varios territorios. La última etapa, que duró de septiembre de 1948 a diciembre de 1949, vio a los comunistas pasar a la ofensiva y el colapso del gobierno del KMT en toda China continental. La proclamación por Mao de la fundación de la República Popular China el 1 de octubre de 1949 marcó el final de la segunda fase de la Guerra Civil China (o Revolución Comunista China, como la denomina el PCCh).

Proclamación de la RPC y la década de 1950

Mao proclamó la fundación de la República Popular China (RPC) ante una multitud en la plaza de Tiananmen el 1 de octubre de 1949. El PCCh encabezó el Gobierno Central Popular. Desde entonces hasta la década de 1980, los máximos dirigentes del PCCh (como Mao Zedong, Lin Biao, Zhou Enlai y Deng Xiaoping) fueron en gran medida los mismos líderes militares anteriores a la fundación de la RPC. Como resultado, los lazos personales informales entre líderes políticos y militares dominaban las relaciones entre civiles y militares.

Stalin propuso una constitución de partido único cuando Liu Shaoqi visitó la Unión Soviética en 1952. Posteriormente, la Constitución de la RPC de 1954 abolió el anterior gobierno de coalición y estableció el sistema de partido único del PCCh. En el VIII Congreso del PCCh, celebrado en 1956, Mao declaró que China debía implantar un sistema multipartidista bajo la dirección del PCCh. No había hecho antes tal propuesta, pero aun así el PCCh conservó la mayor parte de su poder político incluso después del anuncio. En 1957, el PCCh lanzó la Campaña Antiderechista contra disidentes políticos y figuras destacadas de partidos menores, que se saldó con la persecución política de al menos 550.000 personas. La campaña dañó significativamente la limitada naturaleza pluralista de la república socialista y consolidó el estatus del país como un estado unipartidista *de facto*.

La Campaña Antiderechista condujo a los catastróficos resultados del Segundo Plan Quinquenal de 1958 a 1962, conocido como el Gran Salto Adelante. En un esfuerzo por transformar el país de una economía agraria a una industrializada, el PCCh colectivizó las tierras de labranza, formó comunas populares y desvió mano de obra a las fábricas. La mala gestión general y las exageraciones de las cosechas por parte de los funcionarios del PCCh condujeron a la Gran Hambruna China, que causó entre 15 y 45 millones de muertes, lo que la convierte en la mayor hambruna de la historia.

Escisión chino-soviética y Revolución Cultural

Durante las décadas de 1960 y 1970, el PCCh experimentó una importante separación ideológica del Partido Comunista de la Unión Soviética, que atravesaba un periodo de "desestalinización" bajo el mandato de Nikita Jruschov. Para entonces, Mao había empezado a decir que la "revolución continuada bajo la dictadura del proletariado" estipulaba que los enemigos de clase seguían existiendo aunque la revolución socialista pareciera completada, lo que condujo a la Revolución Cultural en la que millones de personas fueron perseguidas y asesinadas. Durante la Revolución Cultural, dirigentes del partido como Liu Shaoqi, Deng Xiaoping, Peng Dehuai y He Long fueron purgados o exiliados, y la Banda de los Cuatro, liderada por la esposa de Mao, Jiang Qing, surgió para llenar el vacío de poder dejado.

Reformas bajo Deng Xiaoping

19

Tras la muerte de Mao en 1976, estalló una lucha por el poder entre el presidente del PCCh, Hua Guofeng, y el vicepresidente, Deng Xiaoping. Deng ganó la lucha y se convirtió en el líder supremo de China en 1978. Deng, junto a Hu Yaobang y Zhao Ziyang, encabezó las políticas de "reforma y apertura" e introdujo el concepto ideológico de socialismo con características chinas, abriendo China a los mercados mundiales. Al invertir algunas de las políticas "izquierdistas" de Mao, Deng argumentó que un Estado socialista podía utilizar la economía de mercado sin ser capitalista. Al tiempo que afirmaba el poder político del PCCh, el cambio de política generó un importante crecimiento económico. Esto se justificó sobre la base de que "la práctica es el único criterio de la verdad", un principio reforzado a través de un artículo de 1978 que pretendía combatir el dogmatismo y criticaba la política de los "dos qué más da". Sin embargo, la nueva ideología fue contestada a ambos lados del espectro, tanto por los maoístas situados a la izquierda de la dirección del PCCh como por los partidarios de la liberalización política. Junto con otros factores sociales, los conflictos culminaron en las protestas y la masacre de la plaza de Tiananmen en 1989. Una vez aplastadas las protestas y bajo arresto domiciliario el secretario general reformista del partido,

Zhao Ziyang, se reanudaron las políticas económicas de Deng y, a principios de la década de 1990, se había introducido el concepto de economía socialista de mercado. En 1997, las ideas de Deng (denominadas oficialmente "Teoría de Deng Xiaoping") se incorporaron a la Constitución del PCCh.

Nuevas reformas bajo Jiang Zemin y Hu Jintao

El secretario general del PCCh, Jiang Zemin, sucedió a Deng como líder supremo en la década de 1990 y continuó la mayoría de sus políticas. En la década de 1990, el PCCh pasó de una veterana cúpula revolucionaria que dirigía tanto militar como políticamente, a una élite política cada vez más renovada según normas institucionalizadas en la burocracia civil. El liderazgo se seleccionaba en gran medida en función de reglas y normas sobre ascensos y jubilaciones, formación académica y conocimientos técnicos y de gestión. Existe un grupo muy separado de oficiales militares profesionalizados, que sirven bajo el liderazgo del PCCh en gran medida a través de relaciones formales dentro de los canales institucionales.

Como parte del legado nominal de Jiang Zemin, el PCCh ratificó los "Tres Representantes" para la revisión de 2003 de la constitución del partido, como "ideología rectora" para animar al partido a representar "las fuerzas productivas avanzadas, el curso progresivo de la cultura china y los intereses fundamentales del pueblo". La teoría legitimaba la entrada de empresarios privados y elementos burgueses en el partido. Hu Jintao, sucesor de Jiang Zemin como secretario general, asumió el cargo en 2002. A diferencia de Mao, Deng y Jiang Zemin, Hu hizo hincapié en el liderazgo colectivo y se opuso al dominio unipersonal del sistema político. La insistencia en centrarse en el crecimiento económico provocó un amplio abanico de graves problemas sociales. Para abordarlos, Hu introdujo dos conceptos ideológicos principales: la "Perspectiva Científica del Desarrollo" y la "Sociedad Socialista Armoniosa". Hu dimitió de sus cargos de secretario general del PCCh y presidente de la CMC en el XVIII Congreso Nacional celebrado en 2012, y fue sucedido en ambos cargos por Xi Jinping.

Liderazgo de Xi Jinping

Desde su llegada al poder, Xi ha iniciado una campaña anticorrupción de gran alcance, al tiempo que centralizaba poderes en el cargo de secretario general del PCCh en detrimento del liderazgo colectivo de décadas anteriores. Los comentaristas han descrito la campaña como una parte definitoria del liderazgo de Xi, así como "la razón principal por la que ha sido capaz de consolidar su poder tan rápida y eficazmente". Comentaristas extranjeros lo han comparado con Mao. El liderazgo de Xi también ha supuesto un aumento del papel del Partido en China. Xi ha añadido su ideología, que lleva su nombre, a la constitución del PCCh en 2017. Como se ha especulado, Xi Jinping no se retiró de sus altos cargos tras 10 años de servicio en 2022.

Desde 2014, el PCCh ha dirigido en Xinjiang iniciativas que implican la detención de más de un millón de uigures y otras minorías étnicas en campos de internamiento, así como otras medidas represivas. Esto ha sido calificado de genocidio por académicos y algunos gobiernos. Por otro lado, un mayor número de países firmaron una carta dirigida al Consejo de Derechos Humanos en la que apoyaban las políticas como un esfuerzo para combatir el terrorismo en la región.

23

Las celebraciones del centenario de la fundación del
PCCh, uno de los Dos Centenarios, tuvieron lugar el 1 de
julio de 2021.

El 6 de julio de 2021, Xi presidió la Cumbre del Partido
Comunista de China y los Partidos Políticos Mundiales, en
la que participaron representantes de 500 partidos
políticos de 160 países. Xi instó a los participantes a
oponerse a los "bloqueos tecnológicos" y al
"desacoplamiento del desarrollo" para trabajar por "la
construcción de una comunidad con un futuro compartido
para la humanidad."

Ideología del PCCh

Ideología formal

La ideología central del partido ha evolucionado con cada generación de dirigentes chinos. Dado que tanto el PCCh como el Ejército Popular de Liberación ascienden a sus miembros en función de su antigüedad, es posible distinguir distintas generaciones de dirigentes chinos. En el discurso oficial, cada grupo de dirigentes se identifica con una extensión distinta de la ideología del partido. Los historiadores han estudiado diversos periodos del desarrollo del gobierno de la República Popular China haciendo referencia a estas "generaciones".

El marxismo-leninismo fue la primera ideología oficial del PCCh. Según el PCCh, "el marxismo-leninismo revela las leyes universales que rigen el desarrollo de la historia de la sociedad humana". Para el PCCh, el marxismo-leninismo proporciona una "visión de las contradicciones de la sociedad capitalista y de la inevitabilidad de las futuras sociedades socialista y comunista". Según el *Diario del Pueblo*, el pensamiento Mao Zedong "es el marxismo-leninismo aplicado y desarrollado en China". El

Pensamiento Mao Zedong fue concebido no sólo por Mao Zedong, sino también por destacados funcionarios del partido.

La teoría de Deng Xiaoping se añadió a la constitución del partido en el XIV Congreso Nacional de 1992. Los conceptos de "socialismo con características chinas" y "fase primaria del socialismo" se atribuyeron a la teoría. La Teoría de Deng Xiaoping puede definirse como la creencia de que el socialismo de Estado y la planificación estatal no son por definición comunistas, y que los mecanismos de mercado son neutrales con respecto a las clases. Además, el partido tiene que reaccionar a la situación cambiante de forma dinámica; para saber si una determinada política está obsoleta o no, el partido tenía que "buscar la verdad a partir de los hechos" y seguir el lema "la práctica es el único criterio de la verdad". En el XIV Congreso Nacional, Jiang reiteró el mantra de Deng de que no era necesario preguntarse si algo era socialista o capitalista, ya que lo importante era si funcionaba.

Los "Tres Representantes", la contribución de Jiang Zemin a la ideología del partido, fueron adoptados por éste en el XVI Congreso Nacional. Los Tres Representantes definen el papel del PCCh y subrayan que el partido debe representar siempre los requisitos para desarrollar las fuerzas productivas avanzadas de China, la orientación de la cultura avanzada de China y los intereses fundamentales de la inmensa mayoría del pueblo chino". Ciertos segmentos dentro del PCCh criticaron los Tres Representantes por ser antimarxistas y una traición a los valores marxistas básicos. Los partidarios lo veían como un desarrollo del socialismo con características chinas. Jiang no estaba de acuerdo, y había llegado a la conclusión de que alcanzar el modo de producción comunista, tal y como lo habían formulado los comunistas anteriores, era más complejo de lo que se había pensado, y que era inútil intentar forzar un cambio en el modo de producción, ya que éste tenía que desarrollarse de forma natural, siguiendo las leyes económicas de la historia. La teoría destaca sobre todo por permitir que los capitalistas, denominados oficialmente "nuevos estratos sociales", se afiliaran al partido con el argumento de que realizaban "un trabajo y una labor honestos" y contribuían con su trabajo "a construir el socialismo con características chinas".

En 2003, el Tercer Pleno del XVI Comité Central concibió y formuló la ideología de la Perspectiva Científica del

Desarrollo (PCD). Se considera la contribución de Hu Jintao al discurso ideológico oficial. La SOD incorpora el socialismo científico, el desarrollo sostenible, el bienestar social, una sociedad humanista, el aumento de la democracia y, en última instancia, la creación de una Sociedad Socialista Armoniosa. Según declaraciones oficiales del PCCh, el concepto integra "el marxismo con la realidad de la China contemporánea y con las características subyacentes de nuestro tiempo, y encarna plenamente la visión marxista del mundo y la metodología para el desarrollo".

El Pensamiento Xi Jinping sobre el Socialismo con Características Chinas para una Nueva Era, comúnmente conocido como Pensamiento Xi Jinping, se añadió a la constitución del partido en el XIX Congreso Nacional de 2017. El propio Xi ha descrito el pensamiento como parte del amplio marco creado en torno al socialismo con características chinas. En la documentación oficial del partido y en los pronunciamientos de los colegas de Xi, se dice que el Pensamiento es una continuación de las ideologías anteriores del partido como parte de una serie de ideologías rectoras que encarnan el "marxismo adaptado a las condiciones chinas" y las consideraciones contemporáneas.

El partido combina elementos tanto del patriotismo socialista como del nacionalismo chino.

Economía

Deng no creía que la diferencia fundamental entre el modo de producción capitalista y el socialista fuera la planificación central frente al libre mercado. Dijo: "Una economía planificada no es la definición de socialismo, porque hay planificación en el capitalismo; la economía de mercado también se da en el socialismo. Tanto la planificación como las fuerzas del mercado son formas de controlar la actividad económica". Jiang Zemin apoyó el pensamiento de Deng y declaró en una reunión del partido que no importaba si un determinado mecanismo era capitalista o socialista, porque lo único que importaba era si funcionaba. Fue en esta reunión cuando Jiang Zemin introdujo el término economía socialista de mercado, que sustituyó a la "economía socialista de mercado planificada" de Chen Yun. En su informe al XIV Congreso Nacional, Jiang Zemin dijo a los delegados que el Estado

29

socialista "dejaría que las fuerzas del mercado desempeñaran un papel básico en la asignación de recursos". En el 15º Congreso Nacional, la línea del partido se cambió a "hacer que las fuerzas del mercado desempeñen aún más su papel en la asignación de recursos"; esta línea continuó hasta la 3ª Sesión Plenaria del 18º Comité Central, cuando se modificó a "dejar que las fuerzas del mercado desempeñen un papel *decisivo en la asignación de recursos*." A pesar de ello, el 3er Pleno del 18º Comité Central mantuvo el credo "Mantener el predominio del sector público y fortalecer la vitalidad económica de la economía estatal."

El PCCh considera que el mundo está organizado en dos campos opuestos: el socialista y el capitalista. Insisten en que el socialismo, sobre la base del materialismo histórico, acabará triunfando sobre el capitalismo. En los últimos años, cuando se ha pedido al partido que explique la globalización capitalista que se está produciendo, el partido ha vuelto a los escritos de Karl Marx. A pesar de admitir que la globalización se desarrolló a través del sistema capitalista, los dirigentes y teóricos del partido sostienen que la globalización no es intrínsecamente capitalista. La razón es que si la globalización fuera puramente capitalista, excluiría una forma socialista alternativa de modernidad. Por lo tanto, la globalización, al igual que la economía de mercado, no tiene un carácter de clase específico (ni socialista ni capitalista), según el partido. La insistencia en que la globalización no tiene un carácter fijo proviene de la insistencia de Deng en que China puede perseguir la modernización socialista incorporando elementos del capitalismo. Por ello, el PCCh es muy optimista en cuanto a que, a pesar del actual dominio capitalista de la globalización, ésta puede convertirse en un vehículo de apoyo al socialismo.

Análisis y crítica del PCCh

Mientras que los analistas extranjeros suelen estar de acuerdo en que el PCCh ha rechazado el marxismo-leninismo ortodoxo y el pensamiento de Mao Zedong (o al menos los pensamientos básicos dentro del pensamiento ortodoxo), el propio PCCh no está de acuerdo. Los críticos del PCCh sostienen que Jiang Zemin puso fin al compromiso formal del partido con el marxismo-leninismo con la introducción de la teoría ideológica de los Tres Representantes. Sin embargo, el teórico del partido Leng Rong no está de acuerdo y afirma que "el presidente Jiang libró al partido de los obstáculos ideológicos a los diferentes tipos de propiedad .... No renunció al marxismo ni al socialismo. Fortaleció el Partido aportando una comprensión moderna del marxismo y el socialismo, por eso hablamos de una 'economía socialista de mercado' con características chinas". La consecución del verdadero "comunismo" sigue describiéndose como el "objetivo último" del PCCh y de China. Mientras que el PCCh afirma que China se encuentra en la fase primaria del socialismo, los teóricos del partido sostienen que la actual fase de desarrollo "se parece mucho al capitalismo".

Alternativamente, ciertos teóricos del partido sostienen

que "el capitalismo es la etapa temprana o primera del comunismo". Algunos han tachado el concepto de una etapa primaria del socialismo de cinismo intelectual. Por ejemplo, Robert Lawrence Kuhn, antiguo asesor de asuntos exteriores del gobierno chino, declaró: "Cuando oí por primera vez este razonamiento, me pareció más cómico que inteligente: una caricatura irónica de propagandistas piratas filtrada por cínicos intelectuales. Pero el horizonte de 100 años procede de teóricos políticos serios".

El politólogo y sinólogo estadounidense David Shambaugh sostiene que antes de la campaña "La práctica es el único criterio de la verdad", la relación entre ideología y toma de decisiones era deductiva, lo que significa que la elaboración de políticas se derivaba del conocimiento ideológico. Sin embargo, bajo el liderazgo de Deng esta relación se invirtió, y la toma de decisiones justificó la ideología. Los responsables políticos chinos han descrito la ideología estatal de la Unión Soviética como "rígida, poco imaginativa, osificada y desconectada de la realidad", creyendo que ésta fue una de las razones de la disolución de la Unión Soviética. Por lo tanto, argumenta Shambaugh, los responsables políticos chinos creen que la ideología de su partido debe ser dinámica para salvaguardar el gobierno del partido.

El sinólogo británico Kerry Brown sostiene que el PCCh no tiene ideología y que la organización del partido es pragmática y sólo se interesa por lo que funciona. El propio partido rebate esta afirmación. Hu Jintao declaró en 2012 que el mundo occidental "amenaza con dividirnos" y que "la cultura internacional de Occidente es fuerte mientras que nosotros somos débiles... Los ámbitos ideológico y cultural son nuestros principales objetivos". Por ello, el PCCh dedica un gran esfuerzo a las escuelas del partido y a la elaboración de su mensaje ideológico.

Gobernanza de la CCP

Liderazgo colectivo

El liderazgo colectivo, la idea de que las decisiones se tomarán por consenso, es el ideal en el PCCh. El concepto se remonta a Lenin y al Partido Bolchevique ruso. A nivel de la dirección central del partido, esto significa que, por ejemplo, todos los miembros del Comité Permanente del Politburó tienen el mismo rango (cada miembro tiene un solo voto). Un miembro del Comité Permanente del Politburó suele representar a un sector; durante el reinado de Mao, controlaba el Ejército Popular de Liberación, Kang Sheng, el aparato de seguridad, y Zhou Enlai, el Consejo de Estado y el Ministerio de Asuntos Exteriores. Esto cuenta como poder informal. A pesar de ello, en una relación paradójica, los miembros de un organismo están jerarquizados (a pesar de que los miembros son en teoría iguales entre sí). Informalmente, la dirección colectiva está encabezada por un "núcleo dirigente"; es decir, el líder supremo, la persona que ostenta los cargos de secretario general del PCCh, presidente de la CMC y presidente de la RPC. Antes del mandato de Jiang Zemin como líder supremo, el núcleo del partido y la dirección colectiva eran indistinguibles. En la práctica, el núcleo no era responsable ante la dirección colectiva. Sin embargo, en la época de Jiang, el partido había empezado a propagar un sistema de responsabilidad, refiriéndose a él en declaraciones oficiales como el "núcleo de la dirección colectiva".

Centralismo democrático

El principio organizativo del PCCh es el centralismo democrático, un principio que implica la discusión abierta de la política con la condición de la unidad entre los miembros del partido para defender la decisión acordada. Se basa en dos principios: democracia (sinónimo en el discurso oficial de "democracia socialista" y "democracia interna del partido") y centralismo. Este ha sido el principio organizativo rector del partido desde el V Congreso Nacional, celebrado en 1927. En palabras de la constitución del partido, "El Partido es un cuerpo integral organizado bajo su programa y constitución y sobre la base del centralismo democrático". Mao bromeó una vez diciendo que el centralismo democrático era "a la vez democrático y centralizado, con los dos aparentes opuestos de democracia y centralización unidos en una forma definida." Mao afirmaba que la superioridad del centralismo democrático residía en sus contradicciones internas, entre democracia y centralismo, y libertad y disciplina. Actualmente, el PCCh afirma que "la democracia es la línea vital del Partido, la línea vital del socialismo". Pero para que la democracia se aplique, y funcione correctamente, tiene que haber centralización. El objetivo del centralismo democrático no era aniquilar el capitalismo o sus políticas, sino que es el movimiento hacia la regulación del capitalismo a la vez que implica el socialismo y la democracia. La democracia en cualquiera de sus formas, afirma el PCCh, necesita del centralismo, ya que sin centralismo no habrá orden.

Shuanggui

El shuanggui es un proceso disciplinario intrapartidista dirigido por la Comisión Central de Inspección Disciplinaria (CCDI). Esta institución de control interno, formalmente independiente, aplica el *shuanggui* a los miembros acusados de "infracciones disciplinarias", cargo que suele referirse a la corrupción política. El proceso, que se traduce literalmente como "doble regulación", tiene como objetivo arrancar confesiones a los miembros acusados de

37

violar las normas del partido. Según la Fundación Dui Hua, entre las tácticas utilizadas para obtener confesiones se encuentran las quemaduras con cigarrillos, las palizas y el ahogamiento simulado. Otras técnicas denunciadas incluyen el uso de alucinaciones inducidas, y un sujeto sometido a este método declaró: "Al final estaba tan agotado que acepté todas las acusaciones contra mí aunque fueran falsas".

Frente unido

El PCCh emplea una estrategia política que denomina "trabajo de frente unido", que implica a grupos e individuos clave influidos o controlados por el PCCh y utilizados para promover sus intereses. El trabajo del frente unido es gestionado principalmente, aunque no de forma exclusiva, por el Departamento de Trabajo del Frente Unido (UFWD). El frente unido ha sido históricamente un frente popular que ha incluido a ocho partidos políticos legalmente autorizados junto a otras organizaciones populares que tienen representación nominal en la Asamblea Popular Nacional y en la Conferencia Consultiva Política del Pueblo Chino (CCPPC). Sin embargo, la CCPPC es un órgano sin poder real. Aunque se celebran consultas, son supervisadas y dirigidas por el PCCh. Con Xi Jinping, el frente unido y sus objetivos de influencia han ampliado su tamaño y alcance.

Organización del PCCh

Organización central

El Congreso Nacional es el órgano supremo del partido y, desde el 9º Congreso Nacional de 1969, se convoca cada cinco años (antes del 9º Congreso se convocaban de forma irregular). Según los estatutos del partido, un congreso no puede aplazarse salvo "en circunstancias extraordinarias". Los estatutos del partido otorgan al Congreso Nacional seis responsabilidades:

1. elección del Comité Central;
2. elección de la Comisión Central de Inspección Disciplinaria (CCDI);
3. examinar el informe del Comité Central saliente;
4. examinar el informe del CCDI saliente;
5. debatir y promulgar las políticas del partido; y,
6. revisar los estatutos del partido.

En la práctica, los delegados rara vez debaten los temas en profundidad en los Congresos Nacionales. La mayor parte de los debates de fondo tienen lugar antes del congreso, en el periodo de preparación, entre un grupo de altos dirigentes del partido. Entre Congreso y Congreso

Nacional, el Comité Central es la máxima institución decisoria. El CCDI es responsable de supervisar el sistema interno anticorrupción y ético del partido. Entre congresos, el CCDI está bajo la autoridad del Comité Central.

El Comité Central, como máxima institución decisoria del partido entre congresos nacionales, elige varios órganos para llevar a cabo su labor. El primer pleno de un Comité Central recién elegido elige al secretario general del Comité Central, el líder del partido; a la Comisión Militar Central (CMC); al Politburó; al Comité Permanente del Politburó (PSC); y, desde 2013, a la Comisión Central de Seguridad Nacional (CNSC). El primer pleno también aprueba la composición del Secretariado y la dirección del CCDI. Según la Constitución del partido, el secretario general debe ser miembro del Comité Permanente del Politburó (CPS) y es responsable de convocar las reuniones del CPS y del Politburó, además de presidir los trabajos del Secretariado. El Politburó "ejerce las funciones y poderes del Comité Central cuando no hay sesión plenaria". El CPS es la máxima institución decisoria del partido cuando el Politburó, el Comité Central y el Congreso Nacional no están reunidos. Se reúne al menos una vez a la semana. Fue creado en el 8° Congreso Nacional, en 1958, para asumir el papel de formulación de políticas que antes desempeñaba el Secretariado. El Secretariado es el máximo órgano de ejecución del Comité Central, y puede tomar decisiones dentro del marco político establecido por el Politburó; también es responsable de supervisar el trabajo de las organizaciones que dependen directamente del Comité Central, por ejemplo departamentos, comisiones, publicaciones, etcétera. La CMC es la máxima institución del partido en la toma de decisiones sobre asuntos militares, y controla las operaciones del Ejército Popular de Liberación. Desde Jiang Zemin, el Secretario General es también Presidente de la CMC. A diferencia del ideal de liderazgo colectivo de otros órganos del partido, el presidente de la CMC actúa como comandante en jefe con plena autoridad para nombrar o destituir a su antojo a los altos mandos militares. La CNSC "coordina las estrategias de seguridad de varios departamentos, incluidos los de inteligencia, ejército, asuntos exteriores y policía, para hacer frente a los crecientes desafíos a la estabilidad en el interior y en el exterior". El Secretario General es el Presidente de la CNSC.

El primer pleno del Comité Central también elige a los jefes de departamentos, oficinas, grupos dirigentes centrales y otras instituciones para que lleven a cabo su labor durante un mandato (un "mandato" es el periodo que transcurre entre congresos nacionales, normalmente cinco años). La Oficina General es el "centro neurálgico" del partido y se encarga del trabajo administrativo cotidiano, incluidas las comunicaciones, el protocolo y el establecimiento de las agendas de las reuniones. En la actualidad, el PCCh cuenta con cuatro departamentos centrales principales: el Departamento de Organización, responsable de supervisar los nombramientos provinciales e investigar a los cuadros para futuros nombramientos; el Departamento de Publicidad (antes "Departamento de Propaganda"), que supervisa los medios de comunicación y formula la línea del partido ante ellos; el Departamento Internacional, que funciona como "ministerio de asuntos exteriores" del partido con otros partidos; y el Departamento de Trabajo del Frente Unido, que supervisa el trabajo con los partidos no comunistas del país, las organizaciones de masas y los grupos de influencia fuera del país. El CC también tiene control directo sobre la Oficina Central de Investigación Política, responsable de investigar asuntos de interés significativo para la dirección

43

del partido, la Escuela Central del Partido, que proporciona formación política y adoctrinamiento ideológico en el pensamiento comunista a cuadros de alto rango y en ascenso, el Centro de Investigación de la Historia del Partido, que establece las prioridades de la investigación académica en las universidades estatales y en la Escuela Central del Partido, y la Oficina de Recopilación y Traducción, que estudia y traduce las obras clásicas del marxismo. El periódico del partido, el *Diario del Pueblo*, está bajo el control directo del Comité Central y se publica con los objetivos de "contar buenas historias sobre China y el (Partido)" y promocionar a su líder. Las revistas teóricas *Seeking Truth from Facts* y *Study Times* son publicadas por la Escuela Central del Partido. El Grupo de Medios de Comunicación de China, que supervisa la Televisión Central de China (CCTV), la Radio Nacional de China (CNR) y la Radio Internacional de China (CRI), está bajo el control directo del Departamento de Publicidad. Las diversas oficinas de los "Grupos Directivos Centrales", como la Oficina de Asuntos de Hong Kong y Macao, la Oficina de Asuntos de Taiwán y la Oficina Central de Finanzas, también informan al Comité Central en sesión plenaria. Además, el PCCh tiene el control exclusivo del Ejército Popular de Liberación (EPL) a través de su Comisión Militar Central.

Organizaciones de nivel inferior

Tras hacerse con el poder político, el PCCh extendió el sistema de mando dual partido-Estado a todas las instituciones gubernamentales, organizaciones sociales y entidades económicas. El Consejo de Estado y el Tribunal Supremo cuentan cada uno con un grupo del partido, establecido desde noviembre de 1949. Los comités del partido impregnan todos los órganos administrativos del Estado, así como las Conferencias de Consulta Popular y las organizaciones de masas a todos los niveles. Siguiendo el modelo del sistema soviético de la Nomenklatura, el departamento de organización del comité del partido a cada nivel tiene potestad para reclutar, formar, supervisar, nombrar y reubicar a estos funcionarios.

Existen comités del partido a nivel de provincias, ciudades, condados y barrios. Estos comités desempeñan un papel clave en la dirección de la política local mediante la selección de los líderes locales y la asignación de tareas críticas. El secretario del Partido en cada nivel es de mayor rango que el del líder del gobierno, siendo el comité permanente del PCCh la principal fuente de poder. Los miembros del comité del partido en cada nivel son seleccionados por la dirección del nivel superior, siendo los líderes provinciales seleccionados por el Departamento de Organización central, y no removibles por el secretario del partido local.

En teoría, sin embargo, los comités del partido son elegidos por los congresos del partido a su propio nivel. Los congresos locales del partido deben celebrarse cada cinco años, pero en circunstancias extraordinarias pueden adelantarse o aplazarse. Sin embargo, esa decisión debe ser aprobada por el nivel inmediatamente superior del comité local del partido. El número de delegados y los procedimientos para su elección los decide el comité local del partido, pero también deben contar con la aprobación del comité inmediatamente superior del partido.

Un congreso local del partido tiene muchas de las mismas obligaciones que el Congreso Nacional, y es responsable de examinar el informe del comité local del PCCh al nivel correspondiente; examinar el informe de la Comisión local de Inspección Disciplinaria al nivel correspondiente; debatir y adoptar resoluciones sobre cuestiones importantes en el área dada; y elegir al Comité Local del Partido y a la Comisión local de Inspección Disciplinaria al nivel correspondiente. Los comités del partido de "una provincia, región autónoma, municipio directamente dependiente del gobierno central, ciudad dividida en distritos o prefectura autónoma [son] elegidos por un mandato de cinco años", e incluyen miembros titulares y suplentes. Los comités del partido "de un condado (banner), condado autónomo, ciudad no dividida en distritos o distrito municipal [son] elegidos por un mandato de cinco años", pero los miembros titulares y suplentes "deben tener una antigüedad en el Partido de tres años o más". Si se celebra un Congreso local del Partido antes o después de la fecha indicada, el mandato de los miembros del Comité del Partido se acortará o alargará en consecuencia.

Las vacantes en un comité de partido serán cubiertas por un miembro suplente según el orden de precedencia, que se decide por el número de votos que un miembro suplente obtuvo durante su elección. Un comité de partido debe reunirse al menos dos veces al año en sesión plenaria. Durante su mandato, un comité del partido debe "cumplir las directrices de las organizaciones del partido inmediatamente superiores y las resoluciones de los congresos del partido en los niveles correspondientes". El comité permanente local (análogo al Politburó Central) se elige en el primer pleno del comité del partido correspondiente tras el congreso local del partido. Una comisión permanente es responsable ante el comité del partido del nivel correspondiente y ante el comité del partido del nivel inmediatamente superior. La comisión permanente ejerce las funciones y responsabilidades del comité del partido correspondiente cuando éste no está reunido.

Existen comités del PCCh dentro de las empresas, tanto privadas como estatales. Una empresa que tenga más de tres miembros del partido está legalmente obligada a establecer un comité o rama.[227] En 2021, más de la mitad de las empresas privadas chinas contaban con este tipo de organizaciones.[225] Estas ramas ofrecen lugares para la socialización de los nuevos miembros y organizan eventos para elevar la moral de los miembros existentes.[14] También proporcionan mecanismos que ayudan a los líderes de las empresas privadas a conocer las políticas gubernamentales relacionadas con sus campos.[225-226] Por término medio, la rentabilidad de las empresas privadas con una sucursal del PCCh es un 12,6% superior a la rentabilidad de las empresas privadas.[230]

Dentro de las empresas estatales, estas ramas son órganos de gobierno que toman decisiones importantes e inculcan la ideología del PCCh a los empleados.[15]

Los comités o ramas del partido dentro de las empresas también ofrecen diversos beneficios a los empleados.[228-229] Pueden incluir primas, préstamos sin intereses, programas de tutoría y servicios médicos y de otro tipo gratuitos para los necesitados.[228-229] Las empresas que cuentan con ramas del partido suelen ofrecer más prestaciones a los empleados en materia de jubilación, asistencia médica, desempleo, lesiones y natalidad y fertilidad.[229]

Financiación

La financiación de todas las organizaciones del PCCh procede principalmente de los ingresos fiscales del Estado. No se dispone de datos sobre la proporción de los gastos totales de las organizaciones del PCCh con

49

respecto a los ingresos fiscales totales de China. Sin embargo, ocasionalmente los gobiernos locales pequeños de China publican estos datos. Por ejemplo, el 10 de octubre de 2016, el gobierno local del municipio de Mengmao, ciudad de Ruili, provincia de Yunnan, publicó un informe conciso de ingresos y gastos fiscales para el año 2014. Según este informe, los ingresos fiscales ascendieron a 29.498.933,58 RMB, y los gastos de la organización del PCCh ascendieron a 1.660.115,50 RMB, es decir, el 5,63 por ciento de los ingresos fiscales es utilizado por el PCCh para su propio funcionamiento. Este valor es similar al gasto en seguridad social y empleo de toda la ciudad: 1.683.064,90 RMB.

Miembros del PCC

A finales de 2021, el PCCh contaba con 96,71 millones de afiliados. Es el segundo partido político más grande del mundo después del Bharatiya Janata Party de la India.

Para afiliarse al PCC, el solicitante debe pasar por un proceso de aprobación.[53–56] Los adultos pueden presentar su solicitud de afiliación en la sección local del partido.[53] A continuación tiene lugar un proceso de preselección, similar a una comprobación de antecedentes.[53] A continuación, los miembros del partido establecidos en la rama local examinan el comportamiento y las actitudes políticas de los solicitantes y pueden hacer una investigación formal en una rama del partido cercana a la residencia de los padres de los solicitantes para comprobar la lealtad de la familia al comunismo y al partido.[53] En 2014, solo se aceptaron 2 millones de solicitudes de un total de 22 millones. Los miembros admitidos pasan un año como miembros a prueba. Los miembros a prueba suelen ser aceptados en el partido.[55]

A diferencia del pasado, cuando se hacía hincapié en los criterios ideológicos de los solicitantes, el PCCh actual hace hincapié en las cualificaciones técnicas y educativas. Para convertirse en miembro a prueba, el solicitante debe prestar juramento de admisión ante la bandera del partido. La organización pertinente del PCCh es responsable de observar y educar a los miembros a prueba. Los miembros a prueba tienen deberes similares a los de los miembros de pleno derecho, con la excepción de que no pueden votar en las elecciones del partido ni presentarse como candidatos. Muchos se afilian al PCCh a través de la Liga de la Juventud Comunista. Bajo el gobierno de Jiang Zemin, se permitió a los empresarios privados afiliarse al partido. Según la constitución del PCCh, un miembro, en resumen, debe seguir órdenes, ser disciplinado, mantener la unidad, servir al Partido y al pueblo y promover el modo de vida socialista. Los miembros gozan del privilegio de asistir a las reuniones del Partido, leer los documentos pertinentes del Partido, recibir educación del Partido, participar en los debates del Partido a través de los periódicos y revistas del Partido, hacer sugerencias y propuestas, hacer "críticas bien fundadas de cualquier organización o miembro del Partido en las reuniones del Partido" (incluso de la dirección central del Partido), votar y presentarse a las elecciones, y oponerse y criticar las resoluciones del Partido ("siempre que cumplan

52

resueltamente la resolución o política mientras esté en vigor"); y tienen la capacidad de "presentar cualquier petición, apelación o queja a las organizaciones superiores del Partido, incluso hasta el Comité Central, y pedir a las organizaciones interesadas una respuesta responsable." Ninguna organización del partido, incluida la dirección central del PCCh, puede privar a un miembro de estos derechos.

A 30 de junio de 2016, los individuos que se identifican como agricultores, pastores y pescadores constituyen 26 millones de afiliados; los afiliados que se identifican como trabajadores suman 7,2 millones. Otro grupo, el de "Personal directivo, profesional y técnico de empresas e instituciones públicas", sumaba 12,5 millones, 9 millones se identificaban como personal administrativo y 7,4 millones se describían a sí mismos como cuadros del partido.

En 2021, los miembros del PCCh eran más educados, más jóvenes y menos obreros que antes. En 2022, entre el 30% y el 35% de los empresarios chinos son o han sido miembros del partido.[13]

53

28,43 millones de mujeres son miembros del PCCh (menos de un tercio del partido). Las mujeres chinas tienen bajos índices de participación como líderes políticas. La desventaja de las mujeres es más evidente en su grave infrarrepresentación en los puestos políticos más poderosos. En el nivel más alto de la toma de decisiones, ninguna mujer ha estado nunca entre los nueve miembros del Comité Permanente del Politburó del Partido Comunista. Sólo 3 de los 27 ministros del gobierno son mujeres y, lo que es más importante, desde 1997 China ha descendido del puesto 16 al 53 en cuanto a representación femenina en su parlamento, la Asamblea Popular Nacional, según la Unión Interparlamentaria. Dirigentes del PCCh como Zhao Ziyang se han opuesto enérgicamente a la participación de las mujeres en el proceso político. Dentro del partido, las mujeres se enfrentan a un techo de cristal.

Liga de la Juventud Comunista

La Liga de la Juventud Comunista (LJC) es el ala juvenil del PCCh y la mayor organización de masas de jóvenes de China. Según la constitución del PCCh, la LJC es una "organización de masas de jóvenes avanzados bajo la dirección del Partido Comunista de China; funciona como una escuela del partido donde un gran número de jóvenes aprenden sobre el socialismo con características chinas y sobre el comunismo a través de la práctica; es la fuerza auxiliar y de reserva del Partido". Para ingresar, el solicitante debe tener entre 14 y 28 años. Controla y supervisa a Jóvenes Pioneros, una organización juvenil para menores de 14 años. La estructura organizativa de CYL es una copia exacta de la del PCCh; el órgano supremo es el Congreso Nacional, seguido del Comité Central, el Politburó y el Comité Permanente del Politburó. Sin embargo, el Comité Central (y todos los órganos centrales) de la CYL trabajan bajo la dirección de la dirección central del PCCh. Por lo tanto, en una situación peculiar, los órganos de la CYL son a la vez responsables ante órganos superiores dentro de la CYL y ante el PCCh, una organización distinta. En el XVII Congreso Nacional (celebrado en 2013), CYL contaba con 89 millones de afiliados.

Símbolos del PCC

Al principio de su historia, el PCCh no tenía una única norma oficial para la bandera, sino que permitía a los comités individuales del partido copiar la bandera del Partido Comunista de la Unión Soviética. El Politburó Central decretó el establecimiento de una única bandera oficial el 28 de abril de 1942: "La bandera del PCC tiene la proporción longitud-anchura de 3:2 con una hoz y un martillo en la esquina superior izquierda, y sin estrella de cinco puntas. El Buró Político autoriza a la Oficina General a confeccionar a medida una serie de banderas estándar y distribuirlas a todos los órganos principales".

Según el *Diario del Pueblo*, "la bandera estándar del partido mide 120 centímetros (cm) de largo y 80 cm de ancho. En el centro de la esquina superior izquierda (un cuarto de la longitud y anchura hasta el borde) hay un martillo y una hoz amarillos de 30 cm de diámetro. La manga de la bandera (dobladillo del asta) es blanca y mide 6,5 cm de ancho. La dimensión del dobladillo del asta no se incluye en la medida de la bandera. El color rojo simboliza la revolución; el martillo y la hoz son herramientas de obreros y campesinos, lo que significa que el Partido Comunista de China representa los intereses de las masas y el pueblo; el color amarillo significa luminosidad". En total la bandera tiene cinco dimensiones, los tamaños son "n° 1: 388 cm de largo y 192 cm de ancho; n° 2: 240 cm de largo y 160 cm de ancho; n° 3: 192 cm de largo y 128 cm de ancho; n° 4: 144 cm de largo y 96 cm de ancho; n° 5: 96 cm de largo y 64 cm de ancho".

El 21 de septiembre de 1966, la Oficina General del PCCh publicó el "Reglamento sobre la Producción y Uso de la Bandera y el Emblema del PCCh", que establecía que el emblema y la bandera eran los símbolos y signos oficiales del partido. El artículo 53 de la Constitución del PCCh establece que "el emblema y la bandera del Partido son el símbolo y el signo del Partido Comunista de China".

Facciones

La existencia de facciones en China no es controvertida. Edgar Snow informa de las opiniones de los altos dirigentes comunistas sobre las facciones a principios de la década de 1930 (pp. 169, 176, 359). William Whitson conjetura que la dirección militar del partido reconocía la existencia de facciones "basadas en lazos históricos de confianza y seguridad mutua" (p. 514) y utilizaba ese entendimiento para determinar las asignaciones. En su opinión, las facciones se limitaban a los niveles más elitistas y no se extendían necesariamente hacia abajo en el escalafón. Sin embargo, durante la Revolución Cultural, las facciones eran verticales y estaban muy extendidas.

Entre los rasgos compartidos que podrían fomentar el desarrollo de la lealtad entre facciones se encuentran el origen provincial (lengua, dialecto, cocina), la experiencia histórica compartida (la Larga Marcha, por ejemplo) y el combate. Lucian Pye considera las facciones como "relaciones personales y particularistas que garantizan que uno no sólo forma parte del rebaño común, sino que tiene vínculos especiales tanto con los superiores como con los inferiores" (p. N14). Lowell Dittmer, et al., señalan la existencia de facciones en toda la política de Asia Oriental. En el Partido Comunista Chino, las purgas de los años cincuenta, sesenta y setenta apoyan la idea de que los dirigentes chinos conocían las facciones y las manipulaban. Los generales He Long y Peng Dehuai vieron cómo sus seguidores eran marginados antes de la GRCP, al igual que la facción del partido liderada por Liu

59

Shaoqi en la década de 1960. Tras la muerte de Mao Zedong (septiembre de 1976), la Banda de los Cuatro fue purgada por una alineación de facciones dirigidas por viejos soldados, comisarios políticos, ancianos del partido y burócratas.

- Banda de los Cuatro
- Nuevo Ejército de Zhijiang
- Príncipes
- Camarilla de Tsinghua
- Camarilla de Shanghai
- Tuanpai
- Sociedad Xishan

港澳同胞、台灣同胞、海外僑胞和海外華人，先後組織900多個抗日團體，以各種方式支援祖國抗戰。1937年8月12日，澳門學術界、音樂界、體育界、戲劇界救災會成立，簡稱"澳門四界救災會"。圖為澳門四界救災會回國服務團第六、七隊出發前留影。

Relaciones entre partidos

El Departamento de Enlace Internacional del PCCh es responsable del diálogo con los partidos políticos de todo el mundo.

Partidos comunistas

El PCCh sigue manteniendo relaciones con partidos comunistas y obreros no gobernantes y asiste a conferencias comunistas internacionales, entre las que destaca el Encuentro Internacional de Partidos Comunistas y Obreros. Aunque el PCCh mantiene contactos con partidos importantes como el Partido Comunista de Portugal, el Partido Comunista de Francia, el Partido Comunista de la Federación Rusa, el Partido Comunista de Bohemia y Moravia, el Partido Comunista de Brasil, el Partido Comunista de Grecia, el Partido Comunista de Nepal y el Partido Comunista de España, el partido también mantiene relaciones con partidos comunistas y obreros de menor importancia, como el Partido Comunista de Australia, el Partido de los Trabajadores de Bangladesh, el Partido Comunista de Bangladesh (Marxista-Leninista) (Barua), el Partido

Comunista de Sri Lanka, el Partido de los Trabajadores de Bélgica, el Partido de los Trabajadores Húngaros, el Partido de los Trabajadores Dominicanos, el Partido Obrero Campesino de Nepal y el Partido para la Transformación de Honduras, por ejemplo. En los últimos años, observando la autorreforma del movimiento socialdemócrata europeo en las décadas de 1980 y 1990, el PCCh "ha constatado la creciente marginación de los partidos comunistas de Europa Occidental".

Partidos gobernantes de Estados socialistas

El PCCh ha mantenido estrechas relaciones con los partidos gobernantes de los Estados socialistas que aún abrazan el comunismo: Cuba, Laos, Corea del Norte y Vietnam. Dedica bastante tiempo a analizar la situación de los Estados socialistas restantes, tratando de llegar a conclusiones sobre por qué estos Estados sobrevivieron cuando tantos no lo hicieron, tras el colapso de los Estados socialistas de Europa del Este en 1989 y la disolución de la Unión Soviética en 1991. En general, los análisis de los Estados socialistas restantes y de sus posibilidades de supervivencia han sido positivos, y el

PCCh cree que el movimiento socialista se revitalizará en algún momento del futuro.

El partido gobernante que más interesa al PCCh es el Partido Comunista de Vietnam (PCV). En general, el PCV se considera un ejemplo modélico de desarrollo socialista en la era postsoviética. Los analistas chinos sobre Vietnam creen que la introducción de la política de reformas Doi Moi en el VI Congreso Nacional del PCV es la razón clave del éxito actual de Vietnam.

Aunque el PCC es probablemente la organización con más acceso a Corea del Norte, escribir sobre Corea del Norte está muy circunscrito. Los pocos informes accesibles al público en general son los relativos a las reformas económicas norcoreanas. Aunque los analistas chinos sobre Corea del Norte suelen hablar positivamente de Corea del Norte en público, en los debates oficiales c. 2008 muestran mucho desdén por el sistema económico norcoreano, el culto a la personalidad que impregna la sociedad, la familia Kim, la idea de sucesión hereditaria en un Estado socialista, el Estado de seguridad, el uso de los escasos recursos en el Ejército Popular de Corea y el empobrecimiento general del pueblo norcoreano. En 2008, hay analistas que comparan la situación actual de Corea del Norte con la de China durante la Revolución Cultural. A lo largo de los años, el PCCh ha intentado persuadir al Partido del Trabajo de Corea (o PTC, el partido gobernante de Corea del Norte) para que introduzca reformas económicas mostrándoles infraestructuras económicas clave de China. Por ejemplo, en 2006 el PCCh invitó al entonces secretario general del PTC, Kim Jong-il, a Guangdong para mostrarle el éxito que las reformas económicas habían traído a China. En general, el PCCh considera al PTC y a Corea del Norte ejemplos negativos de partido comunista gobernante y Estado socialista.

En el seno del PCC existe un considerable interés por Cuba. Fidel Castro, antiguo Primer Secretario del Partido Comunista de Cuba (PCC), es muy admirado, y se han escrito libros centrados en los éxitos de la Revolución Cubana. La comunicación entre el PCC y el PCC ha aumentado desde la década de 1990. En la 4ª Sesión Plenaria del 16º Comité Central, en la que se debatió la posibilidad de que el PCCh aprendiera de otros partidos gobernantes, se deshicieron en elogios hacia el PCC. Cuando Wu Guanzheng, miembro del Politburó Central, se reunió con Fidel Castro en 2007, le entregó una carta personal escrita por Hu Jintao: "Los hechos han demostrado que China y Cuba son buenos amigos de confianza, buenos camaradas y buenos hermanos que se tratan con sinceridad. La amistad de los dos países ha resistido la prueba de una situación internacional cambiante, y la amistad se ha fortalecido y consolidado aún más."

Partidos no comunistas

Desde el declive y la caída del comunismo en Europa del Este, el PCCh ha empezado a establecer relaciones de partido a partido con partidos no comunistas. Estas relaciones se buscan para que el PCCh pueda aprender de ellos. Por ejemplo, el PCCh ha estado ansioso por entender cómo el Partido de Acción Popular de Singapur (PAP) mantiene su dominio total sobre la política singapurense a través de su "presencia discreta, pero control total". Según el propio análisis del PCCh sobre Singapur, el dominio del PAP puede explicarse por su "bien desarrollada red social, que controla eficazmente a los electores extendiendo sus tentáculos profundamente en la sociedad a través de ramas del gobierno y grupos controlados por el partido". Aunque el PCCh acepta que Singapur es una democracia liberal, la considera una democracia dirigida liderada por el PAP. Otras diferencias son, según el PCCh, "que no es un partido político basado en la clase trabajadora, sino que es un partido político de la élite. ... También es un partido político del sistema parlamentario, no un partido revolucionario". Otros partidos con los que el PCCh estudia y mantiene fuertes relaciones de partido a partido son la Organización Nacional de Malayos Unidos, que ha gobernado Malasia (1957-2018, 2020-2022), y el Partido Liberal Democrático de Japón, que dominó la política japonesa desde 1955.

Desde la época de Jiang Zemin, el PCCh ha hecho propuestas amistosas a su antiguo enemigo, el Kuomintang. El PCCh hace hincapié en unas sólidas relaciones de partido a partido con el KMT para reforzar la probabilidad de reunificación de Taiwán con China continental. Sin embargo, se han escrito varios estudios sobre la pérdida de poder del KMT en 2000 tras haber gobernado Taiwán desde 1949 (el KMT gobernó oficialmente la China continental de 1928 a 1949). En general, los Estados unipartidistas o de partido dominante son de especial interés para el partido y se establecen relaciones de partido a partido para que el PCCh pueda estudiarlos. La longevidad de la rama regional siria del Partido Baaz Árabe Socialista se atribuye a la personalización del poder en la familia al-Assad, al sólido sistema presidencial, a la herencia del poder, que pasó de Hafez al-Assad a su hijo Bashar al-Assad, y al papel otorgado a los militares sirios en la política.

A partir de 2008, el PCC ha mostrado especial interés por América Latina, como demuestra el creciente número de delegados enviados a estos países y recibidos de ellos. El PCCh está especialmente fascinado por los 71 años de gobierno del Partido Revolucionario Institucional (PRI) en México. Mientras que el PCC atribuyó el largo reinado del PRI en el poder al fuerte sistema presidencial, al aprovechamiento de la cultura machista del país, a su postura nacionalista, a su estrecha identificación con la población rural y a la aplicación de la nacionalización junto con la mercantilización de la economía, el PCC concluyó que el PRI fracasó debido a la falta de democracia interna en el partido, a su búsqueda de la democracia social, a sus rígidas estructuras de partido que no podían reformarse, a su corrupción política, a la presión de la globalización y a la interferencia estadounidense en la política mexicana. Aunque el PCCh tardó en reconocer la marea rosa en América Latina, a lo largo de los años ha estrechado las relaciones de partido a partido con varios partidos políticos socialistas y antiamericanos. En ocasiones, el PCC ha expresado cierta irritación por la retórica anticapitalista y antiestadounidense de Hugo Chávez. A pesar de ello, el PCCh llegó a un acuerdo en 2013 con el Partido Socialista Unido de Venezuela (PSUV), fundado por Chávez, para que el PCCh formara a cuadros del PSUV en ámbitos políticos y sociales. En 2008, el PCCh afirmaba haber establecido relaciones con 99 partidos políticos de 29 países latinoamericanos.

Los movimientos socialdemócratas de Europa han sido de gran interés para el PCCh desde principios de la década de 1980. Con la excepción de un breve periodo en el que el PCCh forjó relaciones de partido a partido con partidos de extrema derecha durante la década de 1970 en un esfuerzo por detener el "expansionismo soviético", las relaciones del PCCh con los partidos socialdemócratas europeos fueron sus primeros esfuerzos serios por establecer relaciones cordiales de partido a partido con partidos no comunistas. El PCCh atribuye a los socialdemócratas europeos la creación de un "capitalismo con rostro humano". Antes de la década de 1980, el PCCh tenía una visión muy negativa y despectiva de la socialdemocracia, una visión que se remontaba a la Segunda Internacional y a la visión marxista-leninista del movimiento socialdemócrata. En la década de 1980, esa visión había cambiado y el PCCh llegó a la conclusión de que, en realidad, podía aprender algo del movimiento socialdemócrata. Se enviaron delegados del PCCh a toda Europa para observar. En la década de 1980, la mayoría de los partidos socialdemócratas europeos se enfrentaban a un declive electoral y se encontraban en un periodo de autorreforma. El PCCh siguió esta situación con gran interés, prestando especial atención a los esfuerzos de reforma del Partido Laborista británico y del Partido Socialdemócrata de Alemania. El PCCh llegó a la conclusión de que ambos partidos fueron reelegidos porque se modernizaron, sustituyendo los principios socialistas tradicionales del Estado por otros nuevos que apoyaban la privatización, abandonando la creencia en el gran gobierno, concibiendo una nueva visión del Estado del bienestar, cambiando su visión negativa del mercado y pasando de su base de apoyo tradicional de los sindicatos a los empresarios, los jóvenes y los estudiantes.

70

1921
2021
庆祝中国共产党成立100周年
The 100th Anniversary of the Founding of
The Communist party of China
福鼎市税务局党委　桐城街道富民社区党委

71